ROCH
MARCANDIER

ÉTUDES RÉVOLUTIONNAIRES,

Par ÉD. FLEURY.

LAON.

IMPRIMERIE DE ÉD. FLEURY ET AD. CHEVERGNY,

Rue Sérurier, 22.

ROCH

MARCANDIER

ÉTUDES RÉVOLUTIONNAIRES,

Par Éd. FLEURY.

LAON.

IMPRIMERIE DE ÉD. FLEURY ET AD. CHEVERGNY,
Rue Sérurier, 22.

1850

ÉTUDES RÉVOLUTIONNAIRES

DÉJA PUBLIÉES.

Élection de l'Évêque constitutionnel de l'Aisne.

Un Club à Chauny.

Biographie de Babœuf.

Id. **de Camille Desmoulins.**

Id. **de Roch Marcandier.**

Vandales et Iconoclastes.

Famines, Misères et Séditions.

POUR PARAÎTRE POSTÉRIEUREMENT :

BIOGRAPHIES DE Condorcet. — Saint-Just. — Quinette. — Ronsin. — Dupin jeune. — Fouquier-Tinville. — Jean Debry. — Le cousin Jacques.

ETUDES RÉVOLUTIONNAIRES : La Noblesse et l'Emigration. — Le Clergé. — Le Camp de Soissons. — Peuple et Bourgeoisie. — Les Représentants du Peuple en mission dans l'Aisne. — Les Fêtes républicaines. — Les Réquisitions forcées. — Les Opérations militaires dans le Département de l'Aisne. — Industrie et Commerce. — Les Hommes secondaires.

ROCH MARCANDIER.

La ville de Guise peut réclamer le singulier honneur d'avoir donné le jour, à peu d'années d'intervalle, à deux journalistes qui doivent tenir une grande place dans l'histoire de la presse périodique.

L'un est ce fameux Camille Desmoulins qui le premier lança le peuple de Paris sur le sentier de l'émeute, et l'un des premiers aussi parmi les révolutionnaires essaya d'enrayer le char de la politique, descendant à toute vitesse la pente effrayante de la Terreur.

Roch Marcandier est le second et le plus inconnu des deux, si inconnu que son nom est aujourd'hui complètement oublié. A part de rares biographes qui ne savent rien de lui que la date de sa mort et se sont tous copiés pour ne rien dire, aucun des historiens de la Révolution ne parle de Roch Marcandier; aucun ne semble même soupçonner que Roch Marcandier ait vécu, ait écrit, ait lutté, ait souffert, ait péri victime de son courage et de son admirable dévouement. Toute la gloire, tout l'éclat, tout le relief, tout le bruit des blâmes et des éloges sont réservés pour

Camille Desmoulins, le grand coupable; l'inattention ingrate, voilà la récompense de Roch Marcandier qui vaut mieux que Camille, qui ne s'est point rendu coupable comme lui de tant d'excès de tout genre, qui lui a ouvert le chemin de la réaction, et qui était doué de tout le courage physique dont Camille manquait si complètement.

Marcandier complète admirablement Desmoulins dont il est la doublure dans le journalisme, comme au théâtre les acteurs qui ne sont point encore arrivés, qu'un talent supérieur ou la faveur du parterre, ce sultan capricieux, n'a point encore mis en relief, se cachent derrière les chefs d'emploi qu'ils valent bien souvent. Même lieu de naissance; même carrière; même amour de la lutte; même ardeur réactionnaire; même mort violente sur l'échafaud auquel tous deux livrent aussi en pâture les femmes qu'ils ont aimées. Seulement, Camille, le premier des deux, força l'attention et fit parler de lui. Il est resté original. Roch Marcandier n'est donc plus qu'un reflet, le satellite d'un astre brillant autour duquel il gravite et dans la gloire duquel il se laisse absorber. C'est là la vraie cause de cet injuste oubli dont nous allons essayer d'entr'ouvrir le lourd linceul, pour exposer cet écrivain à l'attention qu'il mérite.

Comme nous l'avons dit au début de cette étude, Roch Marcandier naquit à Guise, probablement en 1767. Son père était chantre de l'église collégiale de Guise, ce qui indique peu d'aisance, sans doute la misère, car ses deux filles, pour vivre, exerçaient l'état de couturière, l'une à Guise, l'autre à Paris. Le chapitre de l'église fit pour l'élever quelques sacrifices. Il était boursier au collège de la ville.

Nous ne savons rien de son enfance et de sa première jeunesse; quand il quitta Guise pour aller demander une carrière, un avenir à la grande ville, il débuta par donner des leçons de grammaire et d'arithmétique à de jeunes garçons. Au commencement de la Révolution, Roch Marcandier est correcteur, prote peut être, dans une imprimerie de Paris. De compositeur-typographe à écrivain, il n'y a que l'épaisseur d'une plume. Le jeune homme corrigeait des journaux tous les jours; il ne voyait alors réussir que des journalistes. Il ne fallait guère pour atteindre au succès qu'avoir été journaliste, comme plus tard on ne put arriver qu'à l'aide de la robe d'avocat. Probablement, le jeune Roch eut bientôt retrouvé dans Paris le jeune Camille, l'ami d'enfance de son frère aîné, répétiteur au collège Louis-le-Grand. Camille lui parla avec enthousiasme de ce fiévreux bonheur qu'on éprouve à écrire. Il lui raconta comment dans ses brochures il osait attaquer tout ce qu'il y avait de plus grand et de plus respecté au monde, la royauté, le roi, les nobles, la religion, les prêtres; comment une page signée de lui et répandue à profusion conquérait assez de puissance pour détruire ce que les gros livres de tous les philosophes ensemble n'avaient pu qu'ébranler; comment on parlait de lui; comment il avait vite grandi; comment les horizons les plus lointains lui ouvraient leurs immenses perspectives; comment les impossibilités disparaissaient devant son regard.

Camille perdit son ami. Marcandier ne rêva plus que journalisme, pouvoir, ambition. Pour l'humble typographe, l'avenir n'existait pas. A l'écrivain tous les espoirs étaient permis. Pour l'homme de la presse, la plume était le levier d'Archimède. Marcandier se fit journaliste.

Moins audacieux que Camille qui s'était improvisé, qui s'était instantanément trouvé, Marcandier n'osa créer, tout d'abord et seul, une feuille où se seraient reflétés sa personnalité, son genre de faire, sa nature de talent. Il crut au besoin d'un apprentissage dans ce métier d'écrire au courant de la plume et de la pensée et qui ne s'apprend pas, où l'on échoue quand on ne réussit pas du premier coup: nous voulons parler, on le comprend, de la presse révolutionnaire en temps de révolution seulement.

Marcandier voyait Desmoulins recherché, craint, adulé, immense. Il crut en un bon maître et s'enrôla sous ses ordres. Il se fit son secrétaire, comme Camille avait voulu se faire le secrétaire de Mirabeau. Camille nourrissait et payait Marcandier et lui donnait à écrire quelques articles qu'il retouchait, qu'il marquait à son coin et dont il endossait la responsabilité. Sans doute aussi, la comptabilité du journal entrait dans les attributions de Marcandier dont le nom n'apparaît jamais dans les *Révolutions de France et de Brabant.* Une fois seulement, à la fin de 1790, dans le numéro 50, Roch Marcandier signe un court et insignifiant article, compte-rendu d'une adresse présentée au roi par un inconnu qui se prétend la victime des prévarications d'un haut personnage.

Marcandier était encore secrétaire et collaborateur de Camille Desmoulins, quand celui-ci se compromit sérieusement à la Fédération du 17 juillet 1791, d'abord en poussant le peuple, assemblé tumultueusement sur la place Vendôme, à envoyer à l'Assemblée Nationale une députation chargée de demander la mise en accusation du roi, ensuite en haranguant la populace furieuse du haut de l'autel du Champ-de-Mars. Desmoulins fut obligé de fuir pour ne point être arrêté. Par ordre de La Fayette, son journal fut suspendu. Une perquisition fut faite dans ses bureaux. On ne trouva que Marcandier que la police voulut saisir pour se consoler de l'absence du vrai coupable. Déjà plus énergique que son ami, Marcandier lutta contre les soldats, se défendit à coups de pistolet, et réussit à sortir de cette bagarre à peu près sain et sauf, et n'endossant que quelques horions qu'il sauvait à son patron.

C'est alors que cessèrent de paraître les fameuses *Révolutions de France et de Brabant* et que finit aussi sans doute la communauté de vie et de travaux entre Roch et Camille, jusque-là unis, amis, pensant ensemble et de conserve.

Entre cette date de juillet 1791 et la fin de 1792, Roch Marcandier disparaît complètement à nos yeux.

Séparé de Desmoulins, ne vivant plus sous l'influence puissante nécessairement créée par les relations incessantes de la collaboration, Marcandier, qui peut-être n'écrivait des articles jacobins que pour vivre, que pour assouvir la faim, mauvaise conseillère, sentit sa conscience se révolter contre l'indigne métier qu il avait fait jusque-là. Loin des détestables exemples qu'il recevait chaque jour, des leçons qui le pervertissaient, de l'atmosphère fiévreuse où l'on ne respirait que la haine du pouvoir, les exagérations, les colères, il s'aperçut qu'il avait fait fausse route. Fils de plébéien, il ne se sentait point au cœur de rancunes contre les heureux du siècle, auxquels il ne demandait que sa place au soleil, que la possibilité d'arriver.

La grande et triste journée du 10 août dessilla complètement les yeux du jeune patriote. La taie lui fut violemment arrachée. Il vit clair dans le cœur de ses anciens amis, quand, au bruit de la chûte du trône, il les aperçut se précipitant sur ce pouvoir qu'ils avaient honni tant qu'il était aux autres, et dont ils s'arrachèrent avidement et sans pudeur les lambeaux, quand ils eurent, aux dépens de leur patrie, renversé le roi, massacré ses serviteurs, détruit les anciens principes, violé les Constitutions auxquelles ils avaient coopéré. Camille, secrétaire du Sceau au ministère de la justice, en apprit plus en un jour à Marcandier que Camille trois ans journaliste.

Sincèrement honnête, Marcandier n'assista pas sans horreur aux massacres du 3 septembre, aux tueries des prisons. On dit que l'indignation fait les poètes. L'indignation inspira à Marcandier la brochure la plus énergique de toutes celles que produisit la Révolution. Méprisant le danger qu'allait appeler sur sa tête sa déclaration de guerre aux puissants du moment, à ces hommes de sang que leur coup d'essai classait bien loin au-dessus de tous les monstres dont l'histoire a recueilli les noms, catalogue horrible d'abominations, il burina ce livre qu'il appela *Histoire des Hommes de proie*, ou *les Crimes du Comité révolutionnaire*, titre mélodramatique, fécond en promesses bien réalisées par l'écrivain.

Ce livre est la plus grande hardiesse du temps. Au moment où il fut écrit et répandu, c'était en 1793, Danton, Camille Desmoulins, Panis, Sergent, Manuel, le fameux procureur de la Commune, Marat, la haute Montagne enfin, étaient à l'apogée de leur puissance. Un mot, un signe, et cent affiliés des clubs, bravis nouveaux, se levaient pour se charger de leurs vengeances. Et cependant Marcandier les stigmatisa du fouet de la satire la plus audacieuse. Il osa les désigner nommément à l'indignation des bons citoyens.

« *Verba volant*, *scripta manent*, »

écrit-il au début de son livre qui est resté comme un des témoignages les plus énergiques contre les journées de septembre, témoignage qu'il scella de son sang. Au début de son pamphlet, Marcandier s'étonne de l'audace de ces hommes qui osèrent rêver et accomplir les massacres des prisons. « Les générations futures » se refuseront, » dit-il, « à croire que ces forfaits exécrables » ont pu avoir lieu chez un peuple civilisé, en présence du Corps-» Législatif, sous les yeux et par la volonté des dépositaires des » lois, dans une ville peuplée de *huit cent mille habitants* restés » immobiles et frappés de stupeur, à l'aspect d'une poignée de » scélérats soudoyés pour commettre ces crimes.... »

Plus courageux que toute cette ville qui commence déjà l'apprentissage honteux de la soumission moutonnière que tant de fois plus tard elle montrera devant les émeutiers profitant de la lacheté de Paris, Marcandier s'écrie : « Quelle que soit l'hor-» reur que m'inspirent ces journées de sang et d'opprobre, je les » rappellerai sans cesse aux Parisiens, jusqu'à ce qu'ils aient eu » le courage d'en demander vengeance. Quelque pénible et dou-» loureuse que soit cette tâche, je la remplirai avec constance, » car il me semble que le plus sûr moyen d'arrêter l'anarchie » et de mettre ses parties honteuses à découvert, est de la mon-» trer au peuple dans toute sa laideur.

» Je dirai donc la vérité sans ménagement pour personne ; je » raconterai les faits sans les pallier. Si je fais par hasard quel-» ques digressions, ce ne sera que pour mieux faire sentir com-

» bien il est important de demander compte aux membres du » Comité de surveillance du sang qu'ils ont fait répandre et des » richesses qu'ils ont dévorées.

» Descendons maintenant dans cette caverne, et tâchons, s'il » est possible, d'y porter la lumière. »

Aussitôt, il montre à l'œuvre le fameux Comité de surveillance composé de « Panis-Barrabas, l'âme damnée de Marat, de » Marat le Prussien, fraîchement sorti de sa caverne, Jourdeuil » le grippe-sous, Duplain le banqueroutier, et Deforgues autre » fripon. » Sergent-Agathe, ainsi nommé parce que, dans les dépouilles des personnes arrêtées comme suspectes, « il se fit » présent de deux montres d'or ornées de leurs chaines et d'une » agathe du plus grand prix, » est là aussi, avec les administrateurs de la Commune, Leclerc, Lenfant, Cailly et Dufort, « trop » intéressés au brigandage pour s'aviser jamais d'entraver les » opérations de Barrabas. La certitude d'être admis au partage » leur faisait contempler d'un œil complaisant les entreprises les » plus révoltantes, les attentats les plus horribles. »

Nous connaissons les acteurs; voyons-les à l'œuvre maintenant.

» On conçoit donc aisément, » poursuit l'impitoyable Marcandier, « que cette monstrueuse association, dont l'ensemble » rappelait l'idée de tous les vices et de toutes les turpitudes, ne » pouvait enfanter que de grands crimes, et c'est ce qui est » arrivé. Ce fut dans cette caverne que furent préparés les mas- » sacres de septembre; ce fut dans cet abominable repaire que » fut prononcé l'arrêt de mort de huit mille Français, détenus » la plupart sans aucun motif légitime, sans dénonciation, sans » aucune trace de délit, uniquement par la volonté de l'arbi- » traire des voleurs du Comité de surveillance. »

Tous ces malheureux suspects qu'on a jetés dans les prisons pour s'emparer plus à l'aise de leurs dépouilles et qu'on se prépare à égorger parce que les morts ne réclament jamais, certains membres du Comité, plus honnêtes que Barrabas, — Barrabas ! quel affreux sarcasme ! quel triste souvenir dans cette nouvelle Passion ! — certains membres du Comité, une infime minorité, voulaient au moins qu'on les interrogeât, qu'on remît les innocents en liberté et qu'on livrât immédiatement les coupables aux tribunaux. Ce n'était point l'affaire de Barrabas et de ses amis qui écrasèrent les dissidents. On allait préparer « bien des successions vacantes » : c'était le mot.

« Le 2 septembre, » écrit Marcandier avec cette simplicité, cette fermeté de style qui donnent tant de force et d'ampleur à son livre; « le 2 septembre, on apprend que la ville de Verdun » est prise par les Prussiens qui, ajoutent les colporteurs de » cette nouvelle, s'y sont introduits par la trahison des Verdu» nois, après une résistance simulée de leur part. Aussitôt on » tire le canon d'alarme, la générale bat et le tocsin sonne. Des » municipaux à cheval courent sur les places publiques, confir» ment cette nouvelle, font des proclamations pour exciter les » citoyens à marcher contre l'ennemi.

» Au premier coup de tocsin, chacun se demandait avec raison » pourquoi, au moindre danger, on se complaisait à jeter ainsi » l'alarme dans Paris, et à frapper de terreur tous ses habitants. » Loin d'entretenir dans leur âme cette mâle énergie qui con» vient à des guerriers et assure le gain des batailles, n'était-ce » pas en effet un moyen puissant d'énerver leur courage ? Mais » ceux qui ne connaissaient pas le secret des conjurés furent » bientôt instruits par leur propre expérience. O jour de deuil » et d'opprobre ! C'était à ce signal que devaient se réunir les » assassins qui se portèrent aux prisons ; c'était le prélude du » plus affreux carnage.

» Les brigands distribués par bandes se portent aux prisons ; » aux unes ils fracturent les portes, aux autres ils se font livrer » les clés et s'emparent des victimes que le Comité de surveil» lance y avait amoncelées pendant quinze jours.

» Ces assassins armés de sabres et d'instruments meurtriers, » les bras retroussés jusqu'aux coudes, ayant à la main des

» listes de proscription dressées quelques jours auparavant, » appelaient nominativement chaque prisonnier.

» Des membres du conseil général, revêtus de l'écharpe tri» colore, et d'autres particuliers s'établissent au guichet dans » l'intérieur de la prison. Là était une table couverte de bou» teilles et de verres; autour étaient groupés les prétendus juges » et quelques-uns des exécuteurs de leurs sentences de mort. » Au milieu de la table était déposé le registre d'écrou.

» Les assassins allaient d'une chambre à l'autre, appelaient » chaque prisonnier à tour de rôle, puis le conduisaient devant » le tribunal de sang qui lui faisait ordinairement cette ques» tion : Qui êtes-vous ? Aussitôt après que le prisonnier avait » décliné son nom, les cannibales en écharpe inspectaient le » registre, et après quelques interpellations aussi vagues qu'in» signifiantes, ils le remettaient entre les mains des satellites de » leurs cruautés, qui le conduisaient à la porte de la prison, où » étaient d'autres assassins qui le massacraient avec une féro» cité dont on chercherait en vain des exemples chez les peu» ples les plus barbares.

« A la prison de l'Abbaye, ils étaient convenus entre eux que » toutes les fois que l'on conduirait un prisonnier hors du gui» chet en prononçant ce mot : *à la Force*, ce serait l'équivalent » d'une sentence de mort. Ceux qui remplissaient à la Force le » même emploi, c'est-à-dire le métier de bourreau, étaient » convenus de même qu'en prononçant ce mot : *à l'Abbaye*, cela » voudrait dire qu'il fallait donner la mort au prisonnier, qu'il » était condamné. Ceux qui étaient absous par le sanglant tribu» nal, étaient mis en liberté et conduits à quelque distance de » la prison, au milieu des cris de *vive la Nation !*

» L'Assemblée Législative députa plusieurs de ses membres, » qu'elle chargea de rappeler à la loi les brigands qui s'en écar» taient d'une manière aussi atroce; mais que pouvait le langa» ge de la raison et de la morale sur des assassins altérés de » sang, et la plupart plongés dans la plus crapuleuse ivresse? Cette

» mesure était insuffisante; toute harangue devenait vaine, attendu » que pour dompter des tigres il fallait de la force armée ; il fal- » lait que l'Assemblée sortît tout entière, et qu'elle vînt former » autour de chaque prison un rempart inexpugnable. Ils repous- » sèrent par des menaces tous les avis et les conseils de paix qui » leur étaient portés. L'abbé Fauchet, évêque du Calvados, » membre de la députation, fut menacé, injurié, et peu s'en est » fallu que de la menace on n'en vînt aux coups; il vit l'instant » où les assassins allaient le comprendre au nombre de leurs » victimes. Il se retira, et vint rendre compte à l'Assemblée qui » était elle-même dans la stupeur et l'avilissement, menacée d'une » dissolution totale par l'infame Robespierre, qui exerçait une » tyrannie sans bornes dans Paris. »

« Voyez l'accusation du député Louvet contre Robespierre, » publiée dans les premiers temps de la Convention, » ajoute le courageux Marcandier qui marche à un nouvel ennemi et l'étreint corps à corps. « La conduite que ce faux patriote a tenue à » l'égard de l'Assemblée Législative, y est montrée au grand » jour. On voit un conspirateur audacieux qui voulait asseoir la » dictature sur les débris de la Représentation Nationale; ce- » pendant Robespierre ne cessa de parler de ses vertus civiques, » de son désintéressement, et si on veut l'en croire, personne » n'est moins ambitieux. Ce misérable quitta la place d'accusa- » teur public au tribunal criminel de Paris, pour vivre, disait-il, » dans la retraite; il avait imprimé qu'il n'était point intrigant, » qu'il ne voulait aucune place, qu'il n'en accepterait aucune, » et tout à coup il fut se nicher dans le conseil général de la » Commune et de là au Capitole; du Capitole, quel saut fera-t- » il?... Consultez l'histoire, elle vous apprendra ce que deve- » naient les ennemis du peuple romain. »

Quand Marcandier fut traîné, en juillet 1794, devant le tribunal révolutionnaire, Fouquier-Tinville, son compatriote, lui reprochera d'avoir prêché le Fédéralisme. Là n'est point la véritable cause de sa perte. Il faut la chercher dans la courte note des

Crimes des hommes de proie, dans cette note spécialement consacrée à Robespierre. Robespierre ne pardonnait aucune injure et l'injure adressée au futur dictateur par l'humble écrivain était sanglante ; elle ne pouvait se laver que par du sang.

Marcandier vient de peindre à larges traits les masses principales de l'horrible tableau que présentait Paris. Ce court exposé d'ensemble précède le récit des épisodes douloureux de ces douloureuses journées dont on ne connaît point encore, dont on ne connaîtra jamais tous les lamentables détails.

Dans un récit sans emphase et qui vous glace par son impitoyable sécheresse, Marcandier traîne son lecteur dans l'église des Carmes où les bourreaux égorgent à coups de sabre et de bayonnette les prêtres prosternés sur les degrés du sanctuaire ; au séminaire Saint-Firmin, du haut du grenier duquel on précipite d'autres prêtres sur le pavé de la rue ; à la Salpétrière, où les femmes sont violées avant de mourir ; à Bicêtre, au Châtelet, bientôt encombrés de cadavres ; à la Force, où la belle Mme de Lamballe, depuis quelques jours revenue de l'émigration, périt d'un supplice sans nom et qu'on croirait importé de chez les Hurons martyrisant un prisonnier. O le peuple ! on le dit bon, sensible...! Est-ce bien à lui qu'il faut s'en prendre? Est-ce lui qui fut le plus coupable? La haine et l'horreur ne doivent-elles pas aller chercher plutôt ces grands révolutionnaires émérites qui le perdirent, lui soufflèrent la colère au cœur et le précipitèrent sur les victimes qu'ils lui désignaient, qu'il connaissait à peine, et dont la mort ne devait en rien lui profiter? De l'esprit qui pense et commande et du bras qui obéit, qui mérite le plus de blâme? L'arme inerte qui boit le sang, le marteau qui écrase, endossent-ils la lourde responsabilité pesant sur la main qui les a soulevés et dirigés?

Aussi Roch Marcandier n'accuse point le peuple qui n'a joué là que le rôle du marteau exterminateur. Il va droit à la pensée qui a conçu le crime, qui a versé le sang dont se rougit et fume tout Paris. « Et vous, partisans de ces massacres, » s'écrie-t-il dans un saint accès de sainte indignation ; « et vous, conjurés » féroces, qui n'avez cessé de tromper la multitude crédule, » direz-vous qu'il était impossible d'arrêter le bras des assassins? » Direz-vous qu'il n'était point en votre puissance de les réprimer? Vous avez dit aux départements, par l'organe imposteur de vos commissaires, que vous n'aviez pu arrêter la colère » du peuple! Malheureux! vous prostituez le nom du peuple, » vous ne l'invoquez que pour le déshonorer et couvrir vos turpitudes et vos crimes! Etait-ce donc le peuple qui commettait » ces forfaits exécrables? Non, il gémissait en silence; c'est vous, » administrateurs féroces, qui, d'intelligence avec le conseil » général de la Commune et le ministre Danton, avez tout préparé, tout fait exécuter. C'est vous qui avez fait commettre » tous ces crimes par un petit nombre d'affidés, afin de » vous enrichir des dépouilles sanglantes de vos nombreuses victimes; c'est vous qui avez fait de Paris le coupe-gorge du » riche, et préparé la misère du peuple en brisant tous les liens » sociaux, en tarissant tous les canaux de la circulation, en détruisant la confiance publique si nécessaire, si indispensable à » la prospérité commune et au bonheur de tous.

» S'il n'était pas prouvé qu'à vous seuls appartient l'opprobre » des premiers jours de septembre, je vous rappellerais deux » faits que vous ne pouvez nier. Je vous rappellerais ce paiement » de 850 livres, fait par ordre du conseil général, au marchand de » vin qui fournissait vos assassins à la Force pendant leur horrible exécution; je vous rappellerais le Comité de surveillance » louant la veille du massacre les voitures qu'il destinait et qui » ont servi à conduire à Charenton les cadavres de septembre.

» Mais tous ces crimes sont attestés par des milliers de témoins, et s'ils ne l'étaient pas, on aurait encore le droit de » vous punir de votre inaction criminelle.

» Pourquoi, après vous être emparé de tous les pouvoirs, n'en » avez-vous pas fait usage pour tempérer la fureur des assassins? Quel mouvement vous êtes-vous donné? Quelle mesure

» avez-vous prise pour arrêter l'effusion du sang? Lorsque des » citoyens accablés de douleur se sont présentés au conseil gé» néral pour esquisser ce tableau hideux et déchirant, que leur » a-t-on répondu?... Juste ciel! je frémis d'y penser. Plusieurs » de ces tigres ont applaudi. Le commandant-général a-t-il été » requis de donner les ordres à la garde nationale? Non, et ce » fait est prouvé. Santerre osa dire qu'il avait requis la force ar» mée ; mais tout dément son assertion. Rolland, le seul Rolland, » l'objet des calomnies et des perquisitions de tout ce qu'il y a » de vil, d'assassins et de voleurs en France, fut l'unique dans » Paris qui osa lever une tête altière, et rappeler à leur devoir » les autorités perfides et criminelles qui encourageaient les » massacres par leur immobilité. »

Marcandier avançait tout-à-l'heure que le massacre précédait et annonçait le pillage. Il le prouve. Les chevaux que Danton attelle à son char, il les a volés dans les écuries ci-devant Royales, tandis qu'ils devaient être vendus au profit de la Nation. « Que » serait-ce si, remontant à la source de sa fortune, je découvrais » au peuple un homme noyé de dettes avant le 10 août 1792, et, » immédiatement après cette époque, renonçant à toute pudeur, » étalant en public un faste insultant à la misère commune, et » chez lui un luxe asiatique.

» Que serait-ce si, l'interpellant de déclarer comment et par » quels moyens sa fortune s'est subitement accrue et d'une ma» nière incalculable, avec quel or il a acquis des domaines con» sidérables et avantagé sa femme de sommes énormes, lui qui » n'aurait pu, il y a un an, lui apporter en dot qu'une longue » liste de créanciers? Que serait-ce, dis-je, si Danton, interpellé » sur tous ces faits en présence du peuple, ne pouvait rien ré» pondre de plausible? »

« Chanay arrêta le ci-devant prince de Paix, » raconte l'auteur des *Crimes des hommes de proie*, « et il l'emmena à la mairie, » dans la caverne de Barrabas. Ce fut cet insigne voleur qui le » mit en liberté. On imagine bien que ce n'est qu'à force d'ar-

» gent, en lui volant sa bourse, qu'il lui laissa la vie; car Bar» rabas est trop cupide pour avoir laché sa proie sans intérêt. »

Et plus loin : « Le 14 février dernier, Panis-Barrabas, qui se » voyait inculpé de toute part, voulut donner une preuve de son » désintéressement et de sa probité. Il dit à la Convention que, » en sa qualité d'administrateur, il avait conservé à la Nation » une somme de dix huit cent mille livres dont il n'existait point » de procès-verbal. Cela est vrai; mais il s'est bien gardé de dire » pourquoi il n'y avait pas de procès-verbal; car, en faisant cet » aveu, il donnait la clé de tous ses larcins et se montrait crimi» nel à tel point qu'il n'y avait plus qu'à le conduire à l'écha» faud ! »

Marcandier ne se contenta pas de prouver, par un intérêt immédiat et assouvi, que les massacres de septembre ne devaient être imputés qu'à Danton, à Camille Desmoulins, à Sergent, à Panis-Barrabas, à tous ces jacobins qui se débarrassaient ainsi d'un seul coup des maîtres légitimes de tant de richesses par eux convoitées et volées. Il les montra à l'œuvre, non pas massacrant eux-mêmes les prisonniers, mais dirigeant les coups des égorgeurs, celui-ci désignant un ennemi à faire disparaître, ceux-là un protégé à sauver. Marat fit jeter dans les prisons un individu « avec lequel il avait eu une dispute en Angleterre, il y » avait dix ans. » L'huissier Jourdeuil envoyait à la tuerie « un » de ses anciens clients qui l'avait convaincu de friponneries. » Danton donnait des lettres de grâce à ses parents. Fabre d'Eglantine faisait élargir sa servante, sa maîtresse, par lui accusée de vol et qu'il eut peur de voir massacrer. « Camille Desmoulins, » de son côté, fit sortir de la Force, la veille du massacre, un » prêtre de ses amis. » Manuel remit lui-même en liberté Beaumarchais, détenu depuis trois jours à l'Abbaye.

« Hommes de proie ! » s'écrie Marcandier dans un transport de sublime colère, après avoir dénoncé ces faits odieux que le premier il livre à l'histoire; « hommes de proie, en faut-il da» vantage pour prouver à la France que ces crimes sont votre ou-

» vrage, et que tous ces cadavres vous appartiennent? Que si-
» gnifient ces mandats de délivrance donnés à vos parents et à
» vos amis? Que signifie votre présence dans les prisons à l'ins-
» tant des massacres? que vous aviez tout préparé; que vous
» dirigiez les assassins, lorsque, d'un autre côté, vous rendiez
» nuls les moyens de répression; que vous partageâtes les pou-
» voirs, afin de faire égorger tel homme dont vous convoitiez la
» fortune, en même temps que vous mettiez en liberté tel autre
» qui était digne d'être associé à votre infamie et à vos larcins.

» Que les anarchistes, amis du brigandage dont ils partagent
» les fruits, fassent un dernier effort pour atténuer les consé-
» quences accablantes et les preuves irrésistibles qui résultent
» de tous ces faits; qu'ils s'épuisent, s'ils le veulent, en décla-
» mations et en mensonges pour prolonger l'égarement du peu-
» ple et distraire ses regards par des dénonciations vagues ou
» controuvées, afin qu'il ne s'attache point à la poursuite des
» auteurs de ces forfaits; que les plumes vénales, les écrivains
» mercenaires, sans cesse occupés à corrompre les sources de
» l'opinion, affirment publiquement, contre le cri de leur cons-
» cience, que ces massacres ont été commis par des étrangers;
» que le frocard Chabot,

» Grand orateur tiré de cet ordre de saints
» Que le grand Séraphique a nommé capucins,

» vienne nous dire à la tribune que c'est une insurrection! Rien
» ne m'empêchera de vous répéter sans cesse qu'il n'y a point là
» d'insurrection; que pour donner ce nom aux cinq jours de
» septembre, il faudrait que ce fût l'action libre et volontaire
» du peuple entier, un mouvement subit et spontané de la masse;
» et, dans cet état de choses même, ce serait toujours des massa-
» cres, rien que des massacres exécutés par les ordres et sous
» la direction des autorités, qui seraient toujours coupables de
» n'avoir pas essayé de les empêcher; mais pourquoi cette ré-
» futation de Chabot?

» Les jours de prestige sont passés ; personne ne croit maintenant que ce sont des étrangers qui ont sonné le tocsin pour rallier les Septembriseurs ; ces vils scélérats étaient eux-mêmes des étrangers ; si quelques vagabonds sans patrie, sans famille, se sont mêlés aux assassins, il faut en accuser ceux qui en ont montré l'exemple.

» C'est en vain que les hommes de proie ont attaché pendant un an, avec des poignards, un bandeau sur les yeux des parents et des amis de ceux qu'ils qualifient sans preuves de conspirateurs féroces ; ce sont ces hommes de sang qui ont préparé froidement et renouvelé parmi nous les horreurs d'une Saint-Barthélemi ; les conspirateurs féroces, ce sont ceux qui lançaient à pleines mains les mandats d'arrêt, en sautant de pied-joint par-dessus toutes les lois ; les conspirateurs féroces et cent fois dignes de mort, ce sont ceux enfin qui opéraient dans les ténèbres du Comité de surveillance, et qui attiraient sur Paris la haine de toutes les nations.

» En supposant contre toute vérité, uniquement pour le besoin de leur cause, que l'on pût pallier l'horreur de ces massacres en les imputant à des étrangers, il ne serait pas moins vrai de dire que de pareils attentats ne devaient pas être impunis ; quels que soient les instigateurs et les complices, il fallait les rechercher et les poursuivre jusqu'à l'échafaud ; cependant, depuis trois mois, aucune recherche n'a été faite contre les coupables, ce qui prouve que l'on craint de les découvrir. Que dis-je, ils sont connus, on les nomme, leurs noms exécrables passent de bouche en bouche, du nord au midi de la France ; on les accuse ; et la Convention se tait ; est-ce faiblesse ? est-ce complicité ? je m'abstiens de prononcer ; passons à l'appel nominal des chefs les plus connus. »

Alors il nomme et accuse formellement Danton ex-ministre de la justice, Camille Desmoulins secrétaire du sceau, Fabre d'Eglantine secrétaire au département de la justice, Panis, Sergent, Manuel, le procureur de la Commune tous depuis députés à la Convention.

« Je les dénonce nominativement, » dit-il en finissant; « je
» les dénonce en présence du peuple de Paris, à la Nation fran-
» çaise, comme les chefs suprêmes des assassins et des voleurs!
» Je les dénonce à la Nation entière comme les plus implacables
» ennemis de l'humanité, comme le plus impur fléau dont le ciel
» irrité ait jamais accablé la terre! Qu'ils osent m'accuser de les
» avoir calomniés! Je les provoque à descendre avec moi aux
» pieds des tribunaux, et je m'engage à monter à leur place à
» l'échafaud, s'ils peuvent me prouver que je suis un calomnia-
» teur.

» Je ne publie en ce moment qu'un abrégé de la liste, » ajou-
te-t-il encore après avoir nommé quelques-uns des provocateurs
obscurs des massacres de septembre. « C'est pour répondre à
» ces fripons du premier ordre qui feignent de croire que les
» massacres ont été commis par des étrangers. En attendant que
» j'imprime le nom des autres, l'accusateur public du tribunal
» révolutionnaire peut instruire sur les faits; il y a ample ma-
» tière. »

Tel est ce pamphlet presque insensé à force de hardiesse et de témérité. Tel est cet écrivain, que jusqu'à présent l'histoire a dédaigné, au lieu de lui ouvrir tout grands les feuillets de son livre d'or; qu'elle laisse enfoui dans l'obscurité, au lieu de le poser en exemple, au lieu de préconiser bien haut son courage civil, cette grande vertu si rare dans les temps de révolutions.

Quand on sait à quels hommes terribles Marcandier s'adressait dans son *Histoire des hommes de proie*, on se sent effrayé. On tremble pour lui. On ne comprend pas que, dans cette guerre qu'il a déclarée à tous les crimes heureux, à tous les vices qui président aux destinées de la malheureuse France, il n'ait point succombé dès les premiers pas. Nous allons maintenant l'admirer s'acharnant, plus ardent que jamais, à secouer par leurs pieds d'argile ces géants que les efforts d'un homme jeune, pauvre, isolé, ne pouvaient déraciner, mais que la providence devait punir en leur soufflant la discorde au cœur, devait détruire les uns par les autres, en attendant que la Nation reprît courage, se ruât sur les derniers de ceux qui avaient survécu à cette guerre de frères ennemis, et les fit rentrer dans la poussière d'où, pour son honneur, elle n'aurait jamais dû les laisser sortir.

Les Girondins, qu'un pamphlet de Camille Desmoulins vient de désigner au peuple comme de faux frères, comme d'indignes citoyens, vont bientôt succomber. Nous sommes en plein mois de mai 1793. Ils ont encore devant eux vingt jours à peine de vie parlementaire. Le peuple les menace et s'agite. Les clubs s'animent contre ces traîtres, contre ces modérés. Au pamphlet de Camille, Marcandier voulut répondre par un pamphlet. Camille s'acharnait après Brissot. Marcandier prit à parti les têtes de la Montagne, Marat, Danton, Robespierre, Sergent, Panis, Fabre d'Eglantine. La lutte fut entre les écrivains dans le journalisme avant d'aboutir à la tribune entre les orateurs. Mais il était écrit que les Girondins, ces exagérés, ces violents des dernières années, les modérés, les repentants de 1793, devaient durement expier leurs fautes. Et que pouvait faire un homme de cœur mais ignoré, un pauvre et obscur écrivain que son parti ne connaissait même pas, dont le dévouement ne pouvait même être aidé? Eût-il été aidé, qu'il n'aurait pas renversé ces tribuns puissants dont l'heure n'avait pas sonné et qui ne devaient périr que quand leur mission terrible aurait été complètement remplie, pour que l'exemple et la leçon fussent plus profitables. Et comment en a-t-on profité!

Un pamphlet Girondin! En ces temps où la Gironde vaincue succombait sous la défaveur, qui donc lirait un pamphlet Girondin? Sûr qu'au début d'un journal, le titre de ce journal entre pour beaucoup dans l'insuccès ou dans la réussite, Marcandier chercha et trouva une phrase de haute saveur, de goût relevé, d'un parfum pimenté qui allât chatouiller fortement et réveiller les sens de ce peuple blasé par la lecture de l'*Ami du Peuple* de Marat, du *Père Duchêne* de l'infame Hébert. Son journal, il l'appela *Le véritable Ami du Peuple*, et il lui donna ce sous-titre effronté que nous sollicitons la faveur de pouvoir écrire sans trop effaroucher la pudeur de nos lecteurs : *Par un s. .. B..... de Sans-Culotte qui ne se mouche pas du pied, f..... et qui le fera voir.* Disons de suite que, une fois son journal connu, Marcandier se débarrassa de ces grossièretés nauséabondes devenues inutiles et qu'il les abandonna pour toujours à Hébert auquel peut-être il n'aurait jamais dû les emprunter. Les bonnes causes doivent toujours être convenablement défendues.

Le véritable Ami du Peuple est maintenant une rareté bibliographique. Les biographes n'en connaissent que le titre qu'ils se sont transmis de l'un à l'autre après Prudhomme qui en cite le nom et une phrase depuis lors toujours copiée et recopiée. Ce journal compte seulement douze numéros dont le premier porte la date du vendredi 10 mai 1793 et dont le dernier parut le 26 juillet suivant.

L'industrie de l'imprimerie était libre alors ; aussi chaque journaliste éditait-il lui-même ses élucubrations. Roch Marcandier acheta comme tous ses confrères une presse de hasard et quelques caractères usés. Ancien ouvrier typographe, il économisa ses faibles ressources, en composant et imprimant lui-même son journal.

Voici quelques-uns des titres dont il faisait précéder chacun de ses numéros. On verra qu'il les écrivait avec l'intention de frapper vivement l'attention publique. — « *Vive la République* » *une et indivisible ! Au f.... les enrichis Panis, Sergent, Dan-* » *ton, etc., etc. Rendez nous vite vos comptes, ou f..... nous le* » *camp ! Les renards de la faction des hommes de proie cités au* » *tribunal du peuple.* » — « *Nouveaux attentats de la faction des* » *hommes de proie pour faire égorger les véritables amis du* » *peuple qui les dénoncent, preuves en main, comme d'insatia-* » *bles enrichis Les crapuleux forcés d'inventer des mots nou-* » *veaux pour peindre des attentats inconnus à la terre. L'arai-* » *gnée prussienne, le petit médecin du comte d'Artois, Marat,* » *le faux ami du Peuple, dénoncé par la Commune du 10 août.*

» *comme l'assassin du Peuple et comme un des membres du Co-*
» *mité du 2 septembre. Portrait de mademoiselle Marat, qui*
» *ordonne de jeter de l'eau bouillante pour asperger les sans-*
» *culottes qui se plaignent de n'avoir reçu que quarante-cinq*
» *livres pour avoir couronné M. Marat comme un jambon de*
» *Mayence.* » — « *Mademoiselle Marat en danger d'être fusti-*
» *gée par les citoyens et citoyennes des deux sexes.* » — « *Grande*
» *et douloureuse agonie de la faction des hommes de proie. Les*
» *voleurs et les assassins groupés sur le sommet de la Montagne.*
» *Permanence de l'anarchie et du brigandage. Continuation des*
» *embastillements et des arrestations nocturnes.* » — « *Avis in-*
» *téressant sur l'efficacité des pompes pour éteindre les insur-*
» *rections du beau sexe.* » — « *Rapport fait par Saint-Just au*
» *nom du Comité de Malheur Public sur l'affaire des Trente-*
» *Deux.* (Les Girondins.) *Infamie notoire de ce rapporteur qui*
» *s'est déclaré l'avocat général de la faction des hommes de proie.* »
— « *Tours de gobelets des paillasses de la Montagne pour en-*
» *dormir les Parisiens et leur faire croire que les insurgés du*
» *Calvados sont des royalistes.* »

A n'en juger que par ces lignes fécondes en promesses, on pourrait croire à la satire qui ricane, qui mord en grimaçant un sourire; on pourrait croire à un petit journal spirituel, pimpant, gaîment scandaleux. On se tromperait étrangement. Marcandier ne sait être plaisant que dans la légende de ses numéros. Son intitulé rédigé, l'indignation s'empare de lui ; le fiel lui monte aux lèvres; sa bile déborde. Il s'était promis de tympaniser ses ennemis et il les fustige. Il voulait les attaquer en tirailleur et il fond sur eux l'épée à la main. A la place de la raillerie, il ne peut que leur lancer une insulte mortelle. Trop convaincu de leur indignité, trop profondément blessé au cœur et point assez maître de son inspiration, il oublie d'être spirituel. Aussi, l'effet produit ne fut-il pas ce qu'il attendait, probablement. Son pamphlet périodique dut être trouvé compromettant par son exaltation. On ne dut point oser l'acheter à ses porteurs. La foule ne dut point oser s'arrêter devant les placards que la femme de Marcandier allait elle-même afficher la nuit aux coins des rues, devançant ainsi, mais dans l'intérêt de la bonne cause, la femme de Babœuf qui, en 1795, colportait aussi, aux dépens de sa liberté, les écrits socialistes du *Tribun du Peuple.*

« Nous allons voir si ces b...... là sont des j....-f..... ou des » républicains. Ils nous prennent pour des cruches à qui l'on » fait avaler de l'eau toute claire en guise de rogome. » Tel est le début effronté qu'un honnête et courageux jeune homme se crut obligé, pour se faire lire, d'imposer à une œuvre de pure et sainte réaction. Qu'il dut souffrir! « Pauvre peuple, » continue Marcandier, « qui a cru voir des amis dans une poignée de » j....-f.... qui t'ont pillé, assassiné, ne vois-tu pas qu'ils ne te » font couronner que leurs mannequins et des j....-f....? Alors, » à qui se fier, dis-tu? A qui, f...? à qui, b...? à la loi, f., qui ne » flatte personne, qui égalise tout, qui est le résultat de la vo- » lonté de tous, qui seule peut enrichir le pauvre, détruire la » mendicité, fertiliser les campagnes, nous donner la poule au- » pot, et empêcher qu'avec une belle parole un s... tartuffe, en » faisant semblant de te vouloir rendre heureux, ne te donne au- » jourd'hui du pain et des spectacles que pour te dépouiller et » te septembriser demain!... »

Mettons à part cette feinte grossièreté, masque ignoble qui ne défigure d'ailleurs qu'un instant la plus louable intention, et reconnaissons que jamais, dans ces temps de honte et de malheur, plus saint langage ne fut adressé à ce peuple d'insensés. Dès les premiers mots, quelle immense différence sépare Marcandier de Desmoulins, le disciple du maître! Jamais plus saine raison n'essaya vainement de souffler pour l'éteindre sur le feu des passions populaires. On sent qu'un jour la sagesse retrouvera son empire, puisque, même au sein du plus effroyable cataclysme, elle a trouvé moyen de faire entendre sa voix par dessus la grande voix de la tempête populaire.

Mais ce n'est pas le temps des généralités vertueuses. Marcandier le sait. Se débarrassant à l'instant des abstractions qui n'ont pas de nom, d'un bond il court à l'ennemi, l'étreint au corps et l'attaque. « Braves députés, » s'écrie-t-il, « qui n'avez d'autre » tort aux yeux des bons citoyens que de siéger à la Montagne à » côté des brigands qui vous déshonorent, n'ouvrirez-vous donc » jamais les yeux sur cette poignée *d'hommes de proie*, avides » de sang et de richesses : choisissez entre le doux plaisir de re- » cueillir les bénédictions du peuple ou sa malédiction ; trop » long-temps égarés par l'astuce et l'hypocrisie, vous avez prêté » votre appui à des brigands qui finiraient par vous associer aux » justes châtiments *qui les attendent*.

» Chassez tous les hommes de proie de la Montagne, ou bien- » tôt vous serez confondus avec les Panis, les Sergent et les » Fréron. Car enfin, si l'on demande de quel côté sont les bri- » gands, il faudra bien répondre : Regardez la Montagne. Et, » en effet, Marat siége dans cette partie de la Convention, et l'on » demande de quel côté sont les brigands et les assassins !

« Paris entier accuse Panis d'avoir fait assassiner, le 2 sep- » tembre, des milliers de citoyens, pour s'approprier leur or, » leur argent, et leurs bijoux ; la France entière a vu son nom » infame au bas d'un ordre donné, de sang-froid, pour égorger » des millions de citoyens dans tous les départements : il siége » à la Montagne, et l'on demande de quel côté sont les brigands!

» Sergent, son complice, son compagnon en brigandage, est » convaincu d'avoir commis les mêmes crimes. Une agathe du » plus grand prix, et des montres d'or qu'il a volées impuné- » ment, démontrent à la France à quel degré il est coupable ; » eh bien ! Agathe-Sergent siège à la Montagne, et l'on demande » de quel côté sont les voleurs et les brigands!

» Danton, l'avocat patelin, qui a eu le 4 mai des conférences » secrètes avec Laclos, *la plume d'Orléans*, et avec Marat qui em- » ploie souvent la plume du chevalier Pio, *le fidèle* de Robespierre » et le *grand machiniste de d'Orléans*, Danton, durant son minis- » tère de la justice, s'est gorgé de sommes énormes ; il a trois

» chevaux; ce Danton qui demandait à grands cris des comptes, » des comptes pour se faire payer de ceux qui n'en rendaient » pas, a-t-il rendu aucun compte? Danton qui a fait répandre » sous le contre-seing du ministre de la justice l'ordre d'assas- » siner des milliers de citoyens dans les départements, Danton, » cet effronté larron, Danton siège à la Montagne, et l'on de- » mande de quel côté sont les sangsues du peuple, les malversa- » teurs et les intrigants et les brigands!

» D'Eglantine, dénoncé par Marat lui-même, *non pas dans son* » *journal*, mais dans un Comité, comme un fripon qui a fui sa » Section, où l'on connaissait sa pauvreté, et qui par un com- » merce de souliers et de fournitures, mises au rebut, s'est fait » douze à quinze mille livres de rente, sous les auspices de Dan- » ton, son protégé et son protecteur, il est à la Montagne, et » l'on demande de quel côté sont les brigands! »

Robespierre, le tout puissant, n'aura jamais été attaqué comme l'attaque Marcandier :

» Le Maratin-Robespierre, qu'on dit le descendant de l'illustre » Damiens, décédé en place de Grève, Robespierre le tartufe, le » roi des Jacobins, n'a-t-il pas été dénoncé par Rebecqui et » même par Lacroix, comme atteint et convaincu d'avoir voulu » s'élever à *la hauteur* d'un trône dictatorial, sur les cadavres du » 2 septembre ? Il a fait nommer à la Convention son petit frère, » que personne ne connaissait, et d'Orléans qui logeait son ami » Pio, qui payait 15 mille livres à Marat, et Panis un assassin, le » beau-frère de Santerre, et l'on demande de quel côté sont les » ambitieux, les hypocrites et les hommes suspects! Duplain, » son imprimeur, aujourd'hui membre du tribunal révolution- » naire, Duplain banqueroutier, membre du Comité des assas- » sinats de septembre, et celui qui lui payait six mille livres un » journal que personne ne lisait, mais qui servait de prétexte à » un don volontaire que recevait sans se compromettre le plus » lâche des tartufes, ce Duplain a signé, sous les auspices de » Robespierre, la lettre du 3 septembre. Et Robespierre, à la

» figure de renard, siège à la Montagne, et l'on demande de quel » côté sont les hommes suspects, les intrigants et les ennemis du » peuple ! »

Dans le passage qui va suivre, à l'aide de sa seule indignation d'honnête homme, sans style, sans aucun faux moyen, Marcandier, l'inconnu, s'élève aux plus hautes sublimités de l'inspiration. Dieu qui est pour les honnêtes gens lui a du doigt touché les yeux, lui a ouvert l'avenir. Il prophétise. « La cause de tous » nos malheurs, » écrit-il dans un accès de seconde vue, « ne vient » ni de la Plaine, ni du Rocher, *mais d'une poignée de lâches as-* » *sassins qui seront envoyés au supplice par la Montagne désa-* » *busée*... La cause de tous nos malheurs est dans la misère du » peuple que vous avez pillé, volé, assassiné, proscrit, pour » vous élever à la domination et pour vous gorger de nos dé- » pouilles. La cause de tous nos malheurs est dans l'anarchie qui » empêche l'établissement d'une Constitution républicaine. Elle » est dans l'inquisition atroce que vous exercez sur tous les » hommes qui n'ont pas encore ployé le genou devant vos idoles. » La cause en est dans l'impunité de ceux qui ont égaré la main » du peuple et qui lui ont fait commettre les assassinats de sep- » tembre; au f..... les brigands et les assassins; ils auront à nous » rendre un terrible compte !

» Vous nous parlez sans cesse de votre civisme, de votre dé- » sintéressement et de vos vertus, les tartufes ! Si vous avez » quelque pudeur, marchez aux frontières, mais videz vos po- » ches et vous en serez plus légers pour fuir, car les assassins » sont toujours lâches. »

Et cette véhémente philippique est signée ! Marcandier dédaigne de se réfugier sous le silence de l'anonyme. Il veut qu'on sache qui il est, ce qu'il a été, tout, jusqu'à sa demeure. Il signe « Roch Marcandier, ancien secrétaire de Camille Desmoulins : » rue de Tournon, n° 1177. » Tout-à-l'heure, nous disions que Marcandier n'avait pas su se montrer écrivain spirituel. Cependant, le nom de Camille Desmoulins qui contraste à côté du sien, n'est-il point un trait heureux d'esprit, de fine satire? Montagne et Gironde, raison et passion, inimitiés mortelles, oppositions de principes, tout est là. Il semble que ce nom de Desmoulins est gros de reproches, d'appels éloquents à des retours sur soi-même, de prédiction aussi. Roch Marcandier, l'ancien ami de Camille, aime encore Desmoulins et le convie à plus de modération, au repentir. Il semble l'exciter à entrer dans cette voie de réaction où s'obtient la vraie gloire, où se cachent, il est vrai, de terribles dangers, mais dangers qui réhabilitent et épurent. Marcandier écrit pour défendre ces Girondins que Desmoulins poursuit. N'est-ce point après le dénouement sanglant du drame de la Gironde, que Camille en effet écrira le *Vieux Cordelier*, son plus beau titre de gloire!

En confiant au papier ses haines mortelles contre ces hommes de sang et de pillage qu'il avait, avec un rare bonheur d'expression, surnommés les oiseaux de proie; en essayant de porter dans tous les esprits l'énergique conviction qui travaillait son âme, Marcandier dut compter sur les persécutions. Elles ne se firent pas longtemps attendre. Elles ne lui firent point défaut.

Ce fut sa femme qui se chargea de remplir les conditions obligées du dépôt et de la déclaration du nom de l'auteur, formalités à accomplir par tout journal nouveau qui se disposait à paraître. Marcandier se doutait qu'il serait immédiatement arrêté, s'il se présentait lui-même. Ce qu'il prévoyait pour lui retomba sur sa femme. Quand elle voulut recruter, parmi les colporteurs de journaux, des hommes qui s'en iraient par les rues annoncer, crier le *Véritable Ami du Peuple*, en l'accompagnant de ces commentaires bizarres, piquants, qui faisaient rechercher et lire chaque nouveau pamphlet, ces gens, pour la plupart vendus à Marat et à Hébert, et agents dévoués de la propagande ultra-révolutionnaire qui les faisait vivre, arrêtèrent cette pauvre femme aussitôt qu'elle leur eut appris ce que contenait la nouvelle feuille à crier et à vendre. Ils l'enfermèrent d'abord au corps-de-garde du Théâtre-Français et s'empressèrent d'aller la dénoncer au Comité révolutionnaire qui la fit jeter en prison. Bientôt, Marcandier apprenait cette triste nouvelle. Il courut à Gorsas qui dirigeait le *Courrier des départements* dans le sens de la Gironde. Il lui raconta l'évènement, et le 11 mai, Gorsas publiait une lettre véhémente de Marcandier. « J'ai avoué, » écrivait celui-ci, « et j'avoue l'écrit. Ceux que j'ai mis en circu- » lation sont signés de moi, et le citoyen Regnier s'en est déclaré » l'imprimeur. Où est donc la liberté, si elle n'existe que pour » *Marat* et *ses amis?*... J'ai, il est vrai, attaqué ce cannibale; » j'en ai attaqué quelques autres; mais je n'ai parlé que de leur » administration cauteleuse, de leur brigandage plus propre à » faire haïr la liberté qu'à la faire chérir. Citoyen, où est mon » crime? Quel est celui de mon épouse? Je vous en conjure, au » nom des principes! Défendez-moi! Défendez-la contre la » tyrannie dont nous sommes les victimes. »

A cette instante prière Gorsas répondait par ces lignes :

« Nous venons de présenter le tableau, non de Paris, mais » des brigands qui veulent le dominer. Partout l'on y a vu l'apo- » logie du meurtre. Chaumette, au Conseil général; Robespierre, » Desfieux et un prétendu officier Belge, aux Jacobins; Manin, » Briançon, à la soi-disant Société révolutionnaire; Varlet, à la » section de la Halle; Henriot et Félix à celle des Sans-Culottes; » enfin Marat et le substitut Hébert dans leurs libelles périodi- » ques.... Nous allons actuellement mettre en opposition le » premier numéro de Roch Marcandier, auteur du *Véritable* » *Ami du Peuple*, dont l'épouse, arbitrairement détenue, a été » arrêtée par ordre de Marat et par les colporteurs de cet *assas-* » *sin privilégié.* »

Et Gorsas suppléait à la publicité qui avait manqué au premier numéro du *Véritable Ami du Peuple* par la publicité de son journal qui, ce jour là, réédita presqu'en entier le travail de Marcandier.

Comme on le voit, cet acte de brutalité attaqué par le principal organe des Girondins, prenait toutes les proportions d'une affaire politique. La Gironde, qui allait succomber le 31 mai, était encore en majorité dans quelques Comités, notamment au Comité de législation. Marcandier, épaulé par Gorsas, demanda à la Convention que sa femme, arbitrairement arrêtée, fût remise en liberté. Le 16 mai, au début de la séance, le Comité de Législation fit présenter à l'Assemblée un rapport relatif à l'arrestation de la femme de Roch Marcandier. « Cette femme, » disait le rapporteur, « distribuait des exemplaires du journal le *Véri-* « *table Ami du Peuple*, lorsque des colporteurs d'autres jour- » naux se ruèrent sur elle et la conduisirent au corps-de-garde » des Cordeliers. De là, elle fut conduite chez le Commissaire de » police de la Section de Marseille, et ensuite au Comité révo- » lutionnaire de cette Section. Votre Comité a pensé que l'arres- » tation de cette femme était un acte arbitraire, contraire aux » principes de liberté, puisque, » ajoutait le rapporteur Girondin prenant parti pour le hardi journaliste, « il n'existait, dans » les écrits qu'elle distribuait, rien qui puisse porter atteinte à » la souveraineté du peuple, à la représentation nationale et à » l'établissement du gouvernement républicain; puisque ce » journal ne contenait que des reproches à quelques individus » pour fait d'administration. Le Comité vous propose donc de » décréter que la citoyenne Marcandier sera mise en état de » liberté. »

Charlier, député Montagnard, demanda l'ordre du jour; suivant lui, la Convention devait laisser au tribunal de police le soin de prononcer sur le sort de cette femme; tout portait à croire qu'il la ferait élargir. Mais le Girondin Doulcet répondit que, si la hiérarchie des pouvoirs existait encore, cette femme n'aurait pas été huit jours enfermée sans être interrogée; qu'il appuierait bien la proposition de Charlier, si l'ordre existait; mais que comme cet ordre n'existait pas puisqu'aucune autorité ni le ministre de l'intérieur lui-même ne remplissaient leur devoir, c'était aux représentants du Peuple à venir au secours des opprimés.

« Ces attaques sont une calomnie » interrompit Bentabole. — « Si ce que je viens de dire est une calomnie, » répondit Doulcet, « je serai bientôt puni; car mon intention est de terminer » par demander l'adoption du décret contre les calomniateurs » par Rulh qui s'est plaint d'avoir été dénoncé comme un traître » par Bentabole. Si cette loi est portée, j'en demanderai pour » moi l'effet rétroactif. D'ailleurs je demanderai la parole, lors- » que la Convention voudra m'entendre, pour dénoncer, moi » aussi, au nom de mes commettants, la Commune et la Munici- » palité de Paris. Alors, si je suis un calomniateur, il faudra que » je sois poursuivi comme tel; mais pour cela il faut une loi. Je » demande donc que vous chargiez votre Comité de législation » de vous présenter cette loi, afin que ceux qui sont désignés » par le journal intitulé le *Véritable Ami du Peuple*, puissent en » poursuivre l'auteur comme calomniateur. »

La Convention adopta le projet de décret du Comité de législation, et la femme de Marcandier dut être, à la grande colère de Marat, immédiatement rendue à la liberté et à son mari. « Graces te soient rendues, ô Convention républicaine! » s'écrie Marcandier dans son second numéro. « Tu n'as plus qu'un mot » à dire pour rallier tous les vrais amis du peuple et nous débar- » rasser de tous les braillards qui font comme les rois et qui nous » pillent et nous assassinent, toujours sur un f.... prétexte plus » ou moins *Sacré*! »

Après cet acte de gratitude, Marcandier se retourne, plus agressif, plus ardent que jamais, sur Marat, maintenant son ennemi personnel. « Le peuple trompé, » dit-il, « par les phioles » du petit médecin du compte d'Artois, va enfin s'apercevoir » que tous nos amis de septembre l'ont assassiné pour le voler. » Je suis flambé, se dit Marat; car le peuple est juste, bon et » solide, et l'on a beau crier et hurler qu'on est son ami, il sait » bien que ses véritables amis n'assassinent pas, et qu'ils rendent » des comptes de leur administration. Marat fait dire aux colpor- » teurs que le *Véritable Ami du Peuple* est une feuille aristocrate

» et calomnieuse ; les colporteurs, bons citoyens, et qui sont trop » honnêtes pour soupçonner une atrocité si noire, se jettent sur » le Journal, sans le lire ; au f.... le Journal. En le faisant sup» primer, cet assassin du Peuple espérait bien étouffer les » preuves des vols et brigandages de ses amis ; mais il n'en a » pas été ainsi, et les bons citoyens de la Commune du 10 août, » ont été, *preuve en main*, appuyer les accusations du *Véritable* » *Ami du Peuple*.

» Les nobles et les prêtres firent assassiner Jésus-Christ par » le Peuple, qui le chérissait, en le faisant passer pour un aris» tocrate ; voilà ce qui a manqué d'arriver à la femme du *Véri*» *table ami du Peuple. On la traîne* au Comité de police de la » section du théâtre Français. Le commissaire ne voulut prendre » aucune détermination contraire à la liberté individuelle. Le Co» mité révolutionnaire n'ose prendre sur lui de consommer la » persécution. Ils renvoient à la police municipale la pauvre » femme du *Véritable Ami du Peuple*, après l'avoir retenue dans » leurs griffes, depuis sept heures du matin jusqu'à deux heures » de l'après-midi.

» On la jette dans une chambre-prison, où il y avait quatre » matelas pour 16 personnes, dont la plupart étaient rongées » de vermine et de gale.

» Après 52 heures de chartre-privée, et d'insomnie, et de ter» reur, on pense à lui faire subir un interrogatoire.

» Que conclure ? Ce qui est évident : ceux qui ont pillé, volé, » assassiné le Peuple, s'agitent en tous sens pour faire assassiner » encore ceux qui ont le courage de dénoncer, *preuve en main*, » les dilapidations de ces brigands. »

Mais Marcandier n'est point au bout de ses tribulations. Quelques brigands à la solde de Marat furent chargés de *septembriser* l'auteur du *Véritable Ami du Peuple*. Ils le suivaient partout. Un jour, ils crurent le reconnaître dans le Luxembourg. C'était un pauvre diable qui sans doute lui ressemblait. Ils tombèrent sur lui et le laissèrent sur le carreau.

Ces persécutions, ces luttes, ces menaces, ne firent qu'augmenter l'audace et l'ardeur de Marcandier. Ce ne fut plus seulement à l'aide de révélations qu'il essaya de combattre Marat, de le rendre impossible; il lui jeta à la face les railleries amères; il l'attaqua jusque dans ses affections intimes. On sait qu'à la fin du mois d'avril, la Convention, obéissant une dernière fois à l'impulsion des Girondins, avait décrété Marat d'accusation et l'avait renvoyé devant le tribunal révolutionnaire. Marat disparut dans sa cave, comme il le faisait toujours au moment du danger. Mais le peuple se souleva; mais les clubs et la Commune se prononcèrent ouvertement pour lui; mais le tribunal révolutionnaire, composé des meilleurs Jacobins, l'acquitta à l'unanimité; mais la populace lui fit une ovation turbulente, le couronna de lauriers et alla le réinstaller à grand bruit à la Convention stupéfaite. On sait aussi que Marat vivait en concubinage avec une espèce de harpie, vieille, laide, avare et méchante. Le peuple avait voulu reconduire Marat jusque chez lui; il espérait que le triomphateur arroserait amplement son triomphe. *Mademoiselle* Marat, comme dit par mépris Marcandier en parlant de la concubine de son ennemi, ne sut point être généreuse pour cette populace qui se fâcha et faillit lui donner publiquement cette correction indécente que les femmes des 5 et 6 octobre distribuèrent aux religieuses envahies, que les Tricoteuses de la Convention infligèrent en plein Palais-Royal à Théroigne de Méricourt devenue réactionnaire.

Marcandier raconte ainsi ce dénouement imprévu de l'ovation de Marat :

« MADEMOISELLE *Marat et l'eau bouillante.*

» Tout le monde sait que Marat, croyant voir arriver le règne » de la justice, fit une retraite sûre et garda le silence. On s'en» dormit, mais les hommes de proie ne dorment point; cette fac» tion, bientôt enhardie par l'inaction de toutes les autorités,

» fit resonner le terrain, eut l'air de l'abandonner en faisant » croire à son amendement. On sait comment ils ont réchauffé » *les serpents* de la faction. Mesures concertées. Petit souper » bien préparé. Préparatifs du couronnement arrêtés, et l'on a » vu les écharpes et les couronnes, et la mise en jeu d'une foule » de citoyens des deux sexes, qui crut faire, en sauvant un mons- » tre, une action méritoire; ils croient sauver un ami, car le peu- » ple n'est point ingrat; le peuple qui fit périr Phocion et d'au- » tres ennemis des faux amis du peuple, croyait assassiner un » ennemi.

» Le lendemain du triomphe du petit monstre, des citoyens » des deux sexes, qui avaient concouru à son couronnement, se » présentèrent à son domicile pour réclamer la petite rétribution » promise. La dulcinée de Marat, à l'instar de tous les hommes » de proie, *le péril passé gambade pour les saints*, les traite » avec ingratitude. Après des injures et des quolibets coup sur » coup renvoyés, on se mit en devoir de châtier *mademoiselle* » Marat, et à la faire repentir de ses insolences. Elle appelle » aussitôt une de ses suivantes, et lui demande de *l'eau bouil-* » *lante* pour *en asperger* l'Assemblée, qui a fait *fustiger* la don- » zelle, si elle n'eût pris le parti de se retirer avec Marat dans leur » commune tannière. Cette révolution a cela d'étrange que ceux » qui osent faire *peur* réussissent! Les citoyens et citoyennes » ayant *fait peur* à Marat, il sortit de son portefeuille 45 liv. et » les citoyens des deux sexes s'en allèrent, son argent à la main, » grognant contre les duretés de *mademoiselle* Marat. Deux jours » après. Marat fut encore couronné à la porte des Jacobins, et » cette fois-là, il a payé un peu plus cher la couronne de lauriers » posée sur un sacré chef. Un escamoteur habile qui s'était glissé » dans la foule, le *jacobinisa* et lui *reprit* un portefeuille de » 350 liv.

» Marat n'a plus de goût aux couronnements depuis ce temps- » là ; et depuis ce temps-là où le petit médecin *des écuries* du » comte d'Artois a écrit que le *foyer de la contre révolution est*

» *dans le sein de la Convention*, s'il était renvoyé pour ses nou» veaux délits à un tribunal, il est probable qu'il ne serait pas » *couronné* par les citoyens et citoyennes des deux sexes qui » sont extrêmement surpris de le voir un des membres du Co» mité du 2 septembre, dénoncé pour violation et dilapidation » de dépôts par le conseil général de la commune. Quant au » portrait de *mademoiselle* Marat, c'est son portrait *tout craché* » et par la figure et par les sentiments. Vous voyez que c'est un » morceau friand et ragoûtant. Quelles harpies! »

Camille Desmoulins, se vengeant d'un ennemi, n'eût pas senti et déversé sur lui plus de malveillance et d'aigreur; seulement, il eût montré plus de gaîté, plus d'esprit; il eût forcé à rire. On ne rit jamais avec Roch Marcandier. Tous ses articles, durs, violents, vous font trembler pour lui. On sait combien Hébert-Duchêne était haineux. Marcandier s'amuse pour ainsi dire à s'attirer, à surexciter sa haine. Il l'appelle Hébert Mandrin, Hébert l'anthropophage, Hébert le brigand. On sait combien Robespierre possédait de puissance. Il lui porte à la face cette injure sanglante: Petit neveu de Damiens! Robespierre le tartufe! On sait combien furent violentes, avides de sang, ces hideuses prostituées qui remplissaient les tribunes de la Convention, pesaient lourdement sur ses délibérations et se ruaient partout où elles flairaient le carnage. Marcandier ose attaquer ces tigresses déchaînées; dans son quatrième numéro, il les appelle « soldatesque femelle des Jacobins, épouvantables furies qui, par » leurs beuglements redoublés, troublent les délibérations déjà » rendues fort orageuses par les clameurs des hommes de proie.»

On s'étonne que cet homme n'ait pas vingt fois payé sa hardiesse de sa vie, que vingt fois déjà il n'ait pas été mis en pièces par ces Ménades de la politique. Si elles s'étaient contentées de le jeter à la porte de la tribune réservée pour les journalistes à la Convention, c'est que ce virulent et quatrième numéro n'avait point encore paru. Mais l'arrestation de sa femme, mais les menaces des seïdes d'Hébert et de Marat, mais les violences contre ce citoyen qui avait le malheur de lui ressembler, firent comprendre à Marcandier que le temps des précautions était venu. Il loua un petit grenier où il transporta tout son matériel d'imprimerie, des provisions de guerre et de bouche, et il s'y enferma. Sa femme seule connaissait sa retraite et pouvait y pénétrer. C'est là qu'il rédigea et composa son quatrième numéro qu'il date en commençant « *De mon camp retranché au sixième* » *étage*, » et à la dernière page « *De l'imprimerie du grenier du* » VÉRITABLE AMI DU PEUPLE. »

S'il se cache, il ne veut pas qu'on croie à de la peur; c'est que sa liberté d'action court des dangers, c'est qu'on veut l'arrêter. « Lorsque Marat était légalement poursuivi à cause des pages » de sang qu'il avait écrites, » dit Marcandier en s'adressant à ses amis, « il s'était retiré dans une cave du fond de laquelle il lan» çait le venin de la plus noire calomnie contre les meilleurs ci» toyens; en ce moment je suis poursuivi par des assassins pour » avoir osé dire la vérité au peuple et la lui avoir dite de ma» nière à armer contre moi de vils scélérats qui ont vieilli dans » le crime et qui sont toujours prêts à justifier leurs attentats » par des attentats plus révoltants encore. En conséquence, j'ai » cru devoir faire une retraite de quelques jours dans un grenier; » de là je dirai des vérités palpables pour tous ceux que le ciel » n'a point encore frappés de bêtise, en attendant qu'ils aient eu » le courage d'émettre leur vœu sur les nombreuses arrestations » nocturnes exécutées par la Commune et ses complices, fauteurs » et adhérents, les quarante-huit Comités d'inquisition séant à » Paris. Les tyrans municipaux qui ont détenu ma femme arbi» trairement dans leurs griffes pendant six jours et sept nuits, » ont voulu se donner le plaisir de m'en faire de même; mais sa» chant bien que rien n'est sacré pour eux, que la violation des » personnes et des propriétés est la plus petite chose du monde, » je n'avais point couché chez moi. Lorsque leurs satellites se » présentèrent, j'étais sur la porte d'un de mes voisins; on mit » sur la mienne un happechair à poste fixe dont la figure sinistre

» faisait reculer d'horreur tous les passants. Personne n'a pu me » dire à qui ce coupe-jarret appartenait; mais j'en ai conclu par » ce qui suit que c'était l'homme de la tyrannie municipale. *Le » soir à onze heures*, deux quidam en écharpe vinrent violer mon » asile, prirent chez moi une chanson. N'ont-ils rien mis dans » mes papiers? c'est ce que j'ignore; ne m'ont-ils rien volé? c'est » ce que je n'affirme point; le temps découvrira tout; provisoi- » rement, je les dénonce à la République entière comme les plus » extravagants des monstres qui aient jamais souillé la terre de » la liberté. Au reste, voici ce qui sert de prétexte à la persécu- » tion que j'éprouve. Ces royalistes déguisés ont conçu une haine » implacable pour tous les républicains qui osent dénoncer au » peuple les vols et les rapines dont ils se sont rendus coupa- » bles. J'ai dénoncé des voleurs et des assassins, voilà mon » crime; mais je persiste. »

Marcandier, las de vivre sans air, loin du monde, du bruit des affaires qu'il ne connaissait plus que par les journaux que sa femme achetait dans la rue aux crieurs et lui apportait le soir, voulut un jour descendre dans Paris. Mais des agents des Comités rôdaient autour de sa retraite, et bientôt il était reconnu. Trois « happe-chair de la municipalité, » comme il les appelle, le suivirent de loin. Il entra chez un libraire du ci-devant Palais-Royal. Deux des espions se posèrent en sentinelles à la porte, et le troisième courut au premier corps-de-garde requérir de l'aide. Heureusement, le poste était commandé par un modéré qui voulut savoir si le mouchard était porteur d'un mandat d'arrestation; il refusa de marcher quand il sut que l'agent de la police secrète agissait sous la seule impulsion de son zèle. Les happe-chair coururent à la municipalité se munir de l'ordre d'arrestation nécessaire pour forcer la main à ce trop consciencieux garde national; mais quelqu'un, qui assistait à ce débat du corps-de-garde, prévint Marcandier, qui se hâta de mettre entre lui et ses persécuteurs le plus d'espace possible.

« Je suis donc en état de proscription, » écrit-il dans son

onzième numéro daté du 20 juillet 1793; « mais comme je con-
» nais la résistance à l'oppression, voici la déclaration que je
» fais entre les mains du premier Français qui voudra bien la
» recueillir : Je déclare que je mettrai à mort par tous les
» moyens possibles tout porteur de mandat qui tenterait de
» m'arrêter, attendu que, d'après les persécutions que j'éprouve,
» tout acte émané des Municipaux ne peut être à mon égard
» qu'une suite de ces mêmes persécutions. »

L'instant du dénouement devait bientôt approcher. Marcandier le sentait bien : seul, abandonné, sans autre ressource qu'un indomptable courage, il ne pouvait longtemps lutter contre la horde immense, puissante, des oppresseurs de la France. Sa perte était jurée. Et cependant, au milieu de ses angoisses, de ses ennuis, il s'occupait encore des intérêts de ses ingrats concitoyens. Dans un de ses numéros, il esquissait un projet de réforme dans les finances, et confiait au papier ses vues sur les assignats, sur les moyens d'en prévenir la contrefaçon. Il rédigeait un article sur la défense militaire de Paris. « C'est par de
» pareils efforts, » écrit-il, « qu'on peut mériter le titre glorieux
» d'Ami du Peuple, et non en s'occupant d'affaires personnelles,
» d'intrigues, et non en s'occupant de la rédaction de plats
» journaux, de sanguinaires diatribes, ou de haines, de vengean-
» ces et d'attentats contre la Représentation Nationale. »

La fin de cet article est trop belle pour que nous la puissions passer sous silence. « O mes concitoyens ! » s'écrie t-il dans un élan de tendresse et d'inspiration; « ô mes concitoyens! com-
» bien les intrigants vous ont grandement et souvent trompés.
» Le travail, mais un travail utile et productif, peut seul fournir
» les moyens honnêtes de subsister honorablement; et l'on a
» dilapidé les capitaux qui pouvaient fonder solidement les
» moyens de ce travail utile, en vous en assurant à jamais les
» inestimables avantages. On a retiré de vos mains la bêche qui
» fertilise la terre. On vous a précipités dans la crapule et la dé-
» bauche; au lieu d'organiser et de fonder pour vous une ins-

» truction publique digne d'un peuple libre, les vautours qui » vous dévorent n'ont su que pervertir l'esprit public et jeter » partout les racines d'une profonde corruption, et par là, on » vous a peut-être pour longtemps rendus inhabiles au travail. » Eh! quels seront vos besoins? dans quelque temps, combien » ils seront grands, et combien seront diminués les moyens de » les satisfaire! et cela, parce qu'on a diminué prodigieusement, » en vous agitant sans cesse, la somme de vos travaux et qu'on » vous a distribué, pour payer votre *improductivité*, les capitaux » énormes qui eussent pu servir tout à la fois à rendre le sol » de la France plus abondant, plus fertile, et à vous épargner » à jamais le fardeau des impôts.

» Citoyens, ouvrez les yeux; distinguez vos amis d'avec ceux » qui n'en eurent jamais que le nom sans l'avoir mérité; distin- » guez ceux dont les talents peuvent vous servir utilement; et » préparez-vous, désormais, à faire des choix plus heureux que » ceux qui ont, jusqu'ici, compromis votre salut et votre hon- » heur; vous gémirez longtemps sous les accablants fardeaux » qu'ont accumulés sur vous les mains inexpérimentées, les cœurs » cruels et les têtes vides de la plupart de vos mandataires. »

Marcandier, écrivant ces phrases ardemment patriotiques dans la sombre nudité d'un grenier, sur une table boiteuse où sa plume se heurte à ses pistolets, vivants témoins de dangers incessants, à côté de sa presse que tout-à-l'heure il va manœuvrer lui-même, nous paraît une admirable personnification du journalisme pur, utile, vraiment social, presque un phénix, tant il est rare. Cet homme qui va bientôt mourir pour sa foi politique est grand et sublime comme un chrétien des premiers siècles, que les carrières de Rome cachent mal à ses bourreaux, et qui va mourir pour sa foi religieuse. Nous ne regardons pas comme un des moins grands bonheurs de la vie d'un écrivain l'occasion si rare d'avoir à remettre en lumière une pareille figure historique, un caractère aussi splendide.

Les derniers numéros du *Véritable Ami du Peuple* remplirent la coupe de la colère et de la vengeance. Il ne restait plus à Marcandier qu'un seul homme puissant à attaquer : c'était Saint-Just ; et après tous les dominateurs du moment que l'ensemble des dominateurs à irriter : c'était la Convention. Il se jeta sur la Convention et sur Saint-Just.

Saint Just venait de lire à la Convention qui n'était plus en nombre pour délibérer, son rapport sur les Girondins proscrits et dont les uns gémissaient déjà dans les cachots, tandis que les autres erraient par les départements pleins de périls.

Marcandier osa imprimer que le rapport de Saint-Just « était « un fatras dégoutant de calomnies et d'impostures, donnant à » son auteur des droits incontestables aux huées et aux crachats » du public. »

Marcandier osa imprimer que « la Convention n'était plus » qu'un moyen de sédition, un conciliabule d'anarchistes et de » contre-révolutionnaires déguisés. » Il osa rappeler que les plus nombreuses séances de cette Assemblée illégale ne présentaient pas cent-cinquante membres, tandis que la Constitution portait qu'il en fallait deux cents pour que les délibérations fussent légales. Il osa proclamer que par ce fait, que chaque jour on pouvait constater, « la Convention était dissoute. »

« O Parisiens ! » s'écria le *Véritable Ami du Peuple* ; « le bon» heur et la prospérité ne seront-ils donc pour vous qu'une nou» velle terre promise ? approchez un instant de l'abîme, sondez » avec courage sa profondeur ; donnez à vos débats scandaleux » quelques relaches, et à la Patrie les soins qu'elle réclame ; ap» prenez donc à connaître les anarchistes, et à ne pas confondre » parmi eux vos véritables amis.

» Vous avez fait la Révolution pour n'avoir plus ni Bastille, ni » lettres de cachets ; les prisons regorgent de victimes du pou» voir arbitraire de la Municipalité.

» Vous avez fait la Révolution pour diminuer les impôts dont » l'énorme poids vous accablait; et les anarchistes, désorganisant » tout, ont amené une surcharge de dépenses, une plus grande

» consommation de papier monnaie que l'on employe à réparer » leur désordre, et, par cet accroissement de dépense vous ne » sentez pas les bienfaits de la liberté.

» Vous avez fait la Révolution pour combler le déficit; la Ré» volution est consommée, le déficit vous reste et sa masse est » doublée; c'est encore l'ouvrage des anarchistes, et ils vous » restent pour le tripler.

» Les ennemis de votre bonheur vous diront que vos calamités » prennent leur source dans le Gouvernement Républicain. Moi » je dis: ce Gouvernement est bon par excellence; c'est le seul » qui peut vous rendre véritablement heureux; ce sont les anar» chistes que vous avez mis en place qui font votre malheur, » c'est leur cupidité qui s'oppose à la prospérité publique; ce » sont ces hommes qui sont vicieux, et non pas votre Gouver» nement. La cause de vos malheurs est dans la déprédation ef» frénée de vos trésors; contraignez, la loi à la main, vos admi» nistrateurs de vous rendre des comptes, demandez un compte » général de vos finances; alors que vous en connaîtrez la situa» tion, vous pourrez appliquer le remède efficace. La France ap» proche de sa décadence; mais vous pouvez lui rendre sa splen» deur et sa gloire, en terrassant l'anarchie. Autrement, renoncez » pour jamais à l'honneur d'être compté pour quelque chose sur » la liste des peuples libres.

» Les écrivains Jacobites qui vous flagornent, les modérés qui » vous endorment et les trembleurs qui n'osent vous dire la vé» rité, finiront par vous conduire à votre perte; mais le *véritable* » *Ami du Peuple* qui ne sait rien emprunter d'une politique per» fide ou timide vous doit la vérité, et il vous la dira. En but à » la haine honorable des brigands qui vous oppriment et vous » depouillent, n'attendez jamais que je cherche à capter votre » bienveillance par de basses adulations; je vous indiquerai sans » craintes et sans ménagements les moyens qui me paraissent » propres à ramener, dans vos murs, la tranquillité et le règne » des lois qui seuls peuvent opérer le retour de l'abondance et » de la prospérité.

» Tous les remèdes que les anarchistes vous ont contraints
» d'appliquer à vos maux n'ont été, jusqu'à ce jour, qu'un cor-
» rosif brûlant qui a détruit la liberté plutôt que de la faire
» croître; les charlatans qui avaient intérêt de vous tromper ont
» jeté le corps politique dans une langueur mortelle; ne souf-
» frez pas qu'il périsse; réunissez-vous, et frappez l'anarchie.
» Frappez ce monstre, et ne tremblez pas, extirpez-le.

Et Marcandier propose :

» 1° De fermer dès à présent le club des Jacobins, attendu que
» c'est dans ce repaire infame où se réunissent tous les prédica-
» teurs d'anarchie et de pillage, que par leurs maximes sangui-
» naires et féroces, ils corrompent l'esprit du peuple, pervertis-
» sent la saine morale, foulent aux pieds tous les principes de
» justice et d'humanité, dictent des lois à la Convention, et que
» par leurs manœuvres liberticides ils tendent visiblement à ren-
» verser le gouvernement républicain, et à dissoudre le corps
» politique au milieu des horreurs de la guerre civile.

» 2° De détruire les quarante-huit Comités d'inquisition révo-
» lutionnaire, comme incompatibles avec une Constitution ter-
» minée, attendu que le mot *révolutionnaire* indique naturelle-
» ment que ces quarante huit Comités auraient dû être abolis
» aussitôt que la Constitution fut achevée; autrement, partout où
» les instruments révolutionnaires existent, il n'y a point de
» gouvernement.

» 3° De faire punir, suivant la rigueur des lois, tout homme
» convaincu d'avoir lancé des mandats d'arrêt sans preuve de
» délit, et sans autre motif que celui d'une vengeance person-
» nelle.

» 4° D'abolir le coupe-gorge révolutionnaire, réviser toutes les
» procédures, afin de frapper du glaive de la loi les juges qui
» ont prévariqué dans l'exercice de leurs fonctions.

» 5° De procéder au renouvellement de la Municipalité actuelle
» sans aucun délai; mettre en état d'arrestation tous les muni-
» cipaux jusqu'à ce qu'ils aient rendu leurs comptes.

» 6° D'exiger que le conseil exécutif présente un compte gé-
» néral de ses dépenses, et qu'il justifie par pièces authentiques
» de l'emploi des sommes mises à sa disposition, depuis le 10
» Août, jusqu'à cette époque.

» 7° D'ordonner au Comité de Septembre de publier une liste
» des procès-verbaux qu'il a reçus, et des mandats d'arrêts qu'il
» a lancés pendant la durée de ses fonctions, afin que chacun
» puisse vérifier et réclamer non-seulement la vengeance des mas-
» sacres, mais encore les effets précieux qui leur ont été enlevés
» lors de leur arrestation.

» 8° De demander à la Convention la punition des assassins
» de Septembre, et, sur le refus des Montagnards, d'en appeler au
» peuple Français réuni en Assemblée primaire, afin qu'il déclare
» que les femmes et les enfants des victimes de Septembre sont
» rentrés sous la loi naturelle, et qu'ils sont sous la protection
» immédiate des citoyens de toute la République. »

Si les Parisiens ont le courage d'appliquer immédiatement, sans hésitation, ce remède héroïque, les départements mettront fin à cette insurrection du fédéralisme, nouvelle Ligue du Bien Public; Paris prouvera à l'Europe que, s'il fut trop longtemps égaré, il est redevenu le centre puissant de la justice sévère, de la raison, du bon sens; ses intérêts et sa gloire y trouveront également leur compte; sa fortune réapparaîtra avec ses enfants dispersés par la Terreur, par la violence, par le crime effronté.

C'en était trop. Les fameux Comités de surveillance et de salut public ne pouvaient plus longtemps tolérer ces appels énergiques à la résistance. Ils n'auraient passé à personne un tel excès d'audace. L'exemple pouvait devenir dangereux. Ils décrétèrent d'arrestation Roch Marcandier et sa femme.

Marcandier eut le bonheur, — était-ce un bonheur ? — d'échapper encore une fois aux limiers de la police révolutionnaire. Quand ils envahirent son grenier, il était vide. Ils n'y trouvèrent que des papiers, des épreuves de journal qu'ils saisirent, des caractères d'imprimerie qu'ils dispersèrent, une presse qu'ils brisèrent suivant leur habitude, comme ils avaient fait chez Condorcet, chez Louvet, chez Gorsas. C'était le bon temps de la liberté de penser et d'écrire!

Marcandier s'était enfui et caché chez une de ses sœurs, Mme Mariot, mariée à Paris, et depuis retirée à Guise, leur pays natal, où elle vivait encore il y a cinq à six mois, fort âgée, mais pleine de mémoire, mais tressaillant au souvenir de son pauvre frère bien aimé.

Poursuivi et traqué par l'impitoyable police, Marcandier dut souvent changer d'asile. Son frère aîné, professeur au collège ci-devant Louis-le-Grand, le reçut chez lui et se compromit singulièrement; il eut le bonheur de ne perdre que sa place. D'autres amis dévoués donnèrent aussi asile à Marcandier. Le général Belair, qui commandait l'armée de Réunion-sur-Oise, ci-devant Guise, et qui connaissait l'auteur du *Véritable Ami du Peuple*, paraît l'avoir quelque temps recueilli à Montmartre, où il avait une maison. Il avait formé le projet de le faire, sous un nom supposé, passer pour son secrétaire, de l'emmener à l'armée et de là, ce qui devait être facile, le faire évader à l'étranger. Nous ne savons ni pourquoi, ni comment échoua ce plan. Marcandier resta à Paris. Plusieurs démarches furent faites par ses parents de Guise auprès de lui pour qu'il quittât cette résidence pleine de dangers. Il ne voulut rien entendre. Peut-être recherchait-il quelques occasions de lutte. Peut-être croyait il à un avenir meilleur et prochain.

Nous le voyons, le 25 prairial an II (juin 1794), toujours errant, toujours poursuivi. Du fond d'une de ses retraites, il écrit au Conventionnel Legendre cette lettre confidentielle et désolée :

» Citoyen, dans la situation déplorable où je suis tombé par
« la force des circonstances, j'ai le malheur d'être réduit à vivre
» éloigné, depuis un an, de la société entière. Je suis sans appui,
» sans consolateur, pour ainsi dire délaissé de tout ce qui res-
» pire dans la nature. Malgré mes vicissitudes, mes regards sont
» toujours fixés vers la liberté publique et sur le sort des patrio-

» tes qui, comme vous, ont marché d'un pas ferme et avec in-
» corruptibilité dans le sentier de la révolution. Citoyen Legen-
» dre, j'ai à vous communiquer les choses les plus importantes,
» elles vous intéressent personnellement, ainsi que plusieurs de
» vos collègues ; venez sans nul délai, si vous voulez les enten-
» dre. Ma femme vous donnera elle-même mon adresse ; je ne
» la joins pas à ma lettre, parce que, si elle venait à s'égarer, je
» serais compromis.

» Salut et fraternité,

» *Signé* R. MARCANDIER.

» Au citoyen Legendre, à Paris. »

C'était là de la confiance bien placée ! Le boucher Legendre, suant la peur, aussi tremblant qu'il se montrera agressif, courageux... en thermidor, après la chûte de Robespierre, avait déjà livré au Comité de salut public l'infortunée Lucile, la femme de Camille Desmoulins, son ancien ami, cette pauvre veuve qui lui avait écrit, qui lui avait demandé vengeance. Il trahit aussi Marcandier. Coutumier du fait, l'infame, le jour même où il reçut la lettre de Marcandier, courut au Comité de sûreté générale et y déposa cette dénonciation trouvée plus tard parmi les papiers de Robespierre :

« Louis Legendre, représentant du peuple, s'est présenté au
» Comité, et a déclaré avoir reçu une lettre de Roch Marcan-
» dier, caché depuis un an, et qu'il soupçonnait d'être un enne-
» mi de la Patrie. Il demande au citoyen Legendre une confé-
» rence, ce que celui-ci n'a pas voulu lui accorder, sans en
» avoir préalablement fait part au Comité, d'autant qu'il se
» propose de prendre, en cette occasion, toutes les mesures
» nécessaires pour le mettre entre les mains du Comité.

» *Signé* LOUIS LEGENDRE. »

Le soir, la femme de Marcandier se présentait chez Legendre

qui la reçut, l'accueillit avec bonté, sut d'elle où se cachait son mari, et la fit arrêter par des soldats auxquels il livra le secret de la retraite de Marcandier.

Le 13 messidor (1er juillet 1794), Robespierre vint dénoncer à la tribune des Jacobins un nouveau complot enfanté, disait-il, par le complot des Girondins, une nouvelle accusation contre lui, suite des calomnies de Louvet. Une multitude de fripons, vendus à l'étranger, suivant lui, ourdissaient dans le silence une combinaison de calomnies et de persécutions contre les gens de bien. Le patriote qui veut venger la liberté et l'affermir est présenté aux yeux du peuple comme un homme redoutable et dangereux. On veut donner à la vertu l'apparence du crime. Plusieurs fois, on a vu les Comités de salut public et de sûreté générale attaqués; aujourd'hui, on aime mieux attaquer les membres en particulier, pour parvenir à briser le faisceau.

Toutes ces généralités du discours de Robespierre, sont longuement déduites, étirées, allongées. On ne sait où il veut en venir, lorsque tout à coup, il consent à livrer le nom du coupable à l'impatience du club qui veut enfin connaître ce nouvel ennemi à combattre, cette nouvelle victime à abattre.

« L'accusation de Louvet, » dit Robespierre, « est renouvelée » dans un acte trouvé parmi les papiers du secrétaire de Camille » Desmoulins, ami du conspirateur Danton; cet acte était près » de paraître, lorsque le Comité de sûreté générale l'a découvert » et l'a renvoyé au Comité de salut public. Les conjurés y citent » tout ce qui s'est passé dans la Révolution à l'appui de leur » dénonciation contre un prétendu système de dictature. A exa- » miner l'absurdité de la dénonciation, il serait inutile d'en par- » ler; des calomnies aussi grossières ne sont pas faites pour » séduire les citoyens, mais on verra qu'elles n'étaient préparées » que comme un manifeste qui devait précéder un coup de main » contre les Patriotes. Que direz-vous si je vous apprends que » ces atrocités n'ont pas semblé révoltantes à des hommes revê- » tus d'un caractère sacré, que parmi nos collègues eux-mêmes » il s'en est trouvé qui les ont colportées! »

« Qu'on répande des libelles contre moi, » dit en terminant l'implacable Robespierre, « je n'en serai pas moins toujours le » même, et je défendrai la liberté avec la même ardeur. Si l'on » me forçait de renoncer à une partie des fonctions dont je suis » chargé, il me resterait encore ma qualité de représentant du » peuple, et *je ferais une guerre à mort aux conspirateurs.* »

On sait ce que valait une pareille menace dans la bouche d'un pareil homme.

Dix jours plus tard, le 24 messidor, Roch Marcandier et sa femme se revirent, pour la première fois depuis leur arrestation, dans la grande salle de la Liberté, en face des juges impitoyables et des jurés assassins du tribunal révolutionnaire. Ils faisaient partie d'une fournée complète. Fouquier-Tinville requérait ce jour-là contre cinquante accusés. Seize furent acquittés. C'était beaucoup!

Tous les autres furent condamnés.

Roch Marcandier et sa femme eurent l'honneur de figurer en tête de tous ces martyrs. Par un hasard extraordinaire, le Bulletin du tribunal révolutionnaire présente une lacune de quelques jours et ne parle nullement de l'affaire de Marcandier. Les biographes suppléent à ce silence, en disant qu'il fut condamné « comme étant un des *principaux chefs* de la faction fédéraliste, » ayant fait un *libelle* sous le nom de *Véritable Ami du Peuple* où » il dit que la Convention n'était plus qu'un moyen de sédition, » un conciliabule d'anarchistes, un assemblage monstrueux » d'hommes sans caractère. »

En recourant au *Moniteur* qui chaque jour publiait la liste des affaires expédiées par le tribunal de sang, voici le peu de renseignements, ceux-ci du moins exacts, que nous y trouvons :

« 24 messidor (12 juillet 1794.)

» Roch Marcandier, âgé de 27 ans, de Guise, rue Traversière, » faubourg Saint-Germain, et Marie Gouarnot, âgée de 31 ans, » sa femme,

» Convaincus de s'être rendus les ennemis du peuple en provo-
» quant par des écrits la dissolution de l'Assemblée Nationale,
» en distribuant et colportant ses écrits,

» Ont été condamnés à la peine de mort. »

Le soir du même jour, mains dans mains, les yeux fixés vers l'éternité, les deux jeunes époux allaient à la mort. Les premiers, ils montèrent sur l'échafaud, et donnèrent à leurs compagnons de bonheur, — car c'était un bonbenr que de cesser d'assister au désolant spectacle qui tirait des larmes de sang à la France, — l'exemple du courage et de la fermeté.

Quinze jours plus tard, la révolution du 9 Thermidor les eût sauvés..... Mais la coupe du crime n'était point encore pleine!

Un livre intitulé *Carceriana* parut en 1795. Son titre suffit pour indiquer sa spécialité; c'était un receuil de pensées, de lettres, d'écrits en vers ou en prose, le tout attribué aux détenus des prisons sous la Terreur. Ce livre contient une pièce de vers attribuée à la collaboration de Roch Marcandier et d'un écrivain nommé Montjourdain; renfermés dans la même prison, et à la veille de mourir, ils auraient confié au papier leurs adieux à la vie. Cette pièce que nous avons entre les mains, est une espèce de complainte, assez mal faite, sans inspiration, sans chaleur, sans style, sans pensée. Cependant, en 1795, elle courut tout Paris alors au plus fort de la Réaction. Nous ne pouvons, à la suite des collectionneurs du *Carceriana*, croire à la collaboration de Roch Marcandier. Ces vers parlent constamment d'une femme qu'on laisse sur la terre, d'une amie qu'on regrette, qui peut-être sera oublieuse, vivra pour d'autres amours. Et nous savons que les deux têtes de Marcandier et de sa femme tombèrent en même temps dans le hideux panier, éternellement unies dans un long et suprême baiser. Mme Mariot, cette sœur de Marcandier qui vivait à Guise il y a quelques mois, avait, parmi ses souvenirs de jeunesse et de douleur, conservé quelques couplets de cette chanson; elle les redisait volontiers. Depuis, cette pièce de vers a été retrouvée entière copiée sur le livret d'un soldat républicain venu à Guise lors du camp de Réunion-sur-Oise et qui resta dans le pays. Si nous avons parlé de ces vers, bien que nous ne les croyions pas de Marcandier, c'est pour rassembler tout ce que nous avons pu recueillir sur cet écrivain digne de plus de renom, digne de plus d'attention.

Maintenant, si ce n'était nous répéter, nous demanderions, comme à la fin de l'étude sur Camille Desmoulins, à quoi ont servi le talent, le saint dévouement, l'immense courage, la vie et la mort de Roch Marcandier. Son journal a-t-il empêché un excès, retenu un grand coupable, éclairé un aveugle, enhardi un timide? A-t-il préparé la réaction de Thermidor? En aucune façon. Comme le *Vieux Cordelier*, le *Véritable Ami du Peuple* ne put servir de centre à aucune résistance, à aucun effort. Ils restèrent l'œuvre louable, glorieuse, d'une individualité perdue dans la tempête. Ces journaux ne furent nullement les symptômes d'un mouvement général et généreux. Robespierre tomba parce qu'il menaçait trop d'existences, trop d'ambitions, trop d'intérêts. Ces ambitions froissées, ces intérêts égoïstes se groupèrent pour ne point être écrasés. Les Thermidoriens ne valaient pas mieux que les Robespierristes. Les deux partis voulaient de la Terreur chacun pour lui-même. Tallien, Billaud-Varennes, Collot d'Herbois, Barrère de Vieusac, ne valaient ni plus ni moins que Fouquier-Tinville, Couthon, Robespierre et Saint-Just. Ce qui le prouve au delà des besoins de la démonstration, c'est que Camille Desmoulins et Roch Marcandier s'étaient acharnés sur les uns comme sur les autres, avec la même ardeur, la même insistance, et ne purent rien ni contre les uns ni contre les autres, parce qu'ils étaient unis.

Camille Desmoulins et le *Vieux Cordelier* nous prouvaient surabondamment que la presse, admirable et puissant instrument de destruction et de révolution, ne sera jamais qu'un médiocre levier entre les mains des réédificateurs de sociétés. Roch Marcandier et le *Véritable Ami du Peuple* complètent pour nous la série de preuves nécessaires à la démonstration de cette vérité : La presse et les journaux sont plus aptes au mal qu'au bien, au renversement des principes qu'au développement de ces mêmes principes. En un mot, les deux seuls bons journaux de la Révolution n'ont servi qu'à la glorification des hommes qui les écrivaient et n'ont pas modifié le milieu social en vue duquel ils furent écrits ; tandis que les détestables feuilles de Camille Desmoulins pendant trois ans, de Hébert, de Marat, conquirent immédiatement, sans combat, sans conteste, fatalement, cette immense et pernicieuse influence qui a perdu deux générations, compromis un grand empire, remué le monde, influence qui n'est point éteinte de nos jours et ne paraît point, malheureusement, à la veille de s'éteindre.

Que conclure ?

ÉD. FLEURY.

Laon, 3 octobre 1850.

ÉTUDES RÉVOLUTIONNAIRES

DÉJA PUBLIÉES.

Élection de l'Évêque constitutionnel d l'Aisne.

Un Club à Chauny.

Biographie de Babœuf.

Id. de Camille Desmoulins.

Id. de Roch Marcandier.

Vandales et Iconoclastes.

Famines, Misères et Séditions.

POUR PARAÎTRE POSTÉRIEUREMENT :

BIOGRAPHIES DE Condorcet. — Saint-Just. — Quinette. — Ronsin — Dupin jeune. — Fouquier-Tinville. — Jean Debry. — Le cousi Jacques.

ETUDES RÉVOLUTIONNAIRES : La Noblesse et l'Emigration. — L Clergé. — Le Camp de Soissons. — Peuple et Bourgeoisie. — Le Représentants du Peuple en mission dans l'Aisne. — Les Fête républicaines. — Les Réquisitions forcées. — Les Opérations militaires dans le Département de l'Aisne. — Industrie et Commerce — Les Hommes secondaires.

www.ingramcontent.com/pod-product-compliance
Ingram Content Group UK Ltd.
Pitfield, Milton Keynes, MK11 3LW, UK
UKHW020215200726
13856UKWH00004B/1410

9 782011 740977